Christel Fassian-Müller

wORT. wORTe.

Gedichte über GOTT
das LEBEN
und die WELT

Christel Fassian-Müller

wORT. wORTe.

Gedichte
über GOTT
das LEBEN
und die WELT

Bibliografische Information der Deutschen Nationalbibliothek:
Die Deutsche Nationalbibliothek verzeichnet diese Publikation in der Deutschen Nationalbibliografie; detaillierte bibliografische Daten sind im Internet über http://portal.dnb.de abrufbar.

ISBN 978-3-96103-675-2

www.rediroma-verlag.de
9,95 Euro (D)

Inhalt

menschlich. persönlich. sehnsüchtig.

unmenschlich. unbegreiflich. unfriedlich.

Wenn du nicht wolltest,
dass ich schreibe,
würde ich nicht schreiben.

Wenn du nicht wolltest,
dass ich rede,
würde ich nicht reden.

Doch ich schreibe.
Doch ich rede.

Danke, HERR.

menschlich.

persönlich.

sehnsüchtig.

Spiel mir das Lied vom Leben

Ich will des Todes Lied nicht hören.
Es soll mir nicht die Freude stören.
Ich will, dass Leben für mich klingt,
dass es in allen Farben singt.

Nicht eines Tones karges Pfeifen,
mit dem die Angst will mich ergreifen.
Nicht kalter Wind, unheimlich säuselt nur
der Mundharmoniker eintönge Spur.

Spiel mir das Lied vom Leben.
Lass alle Harmonien erbeben.
Spiel Tutti, ziehe die Register alle,
für mich Orchester, in jedem Falle.

Das Lied vom Leben soll ertönen,
auch schräge Töne dürfen stöhnen.
Es darf auch mal ein Kanon sein,
auch gerne mal ganz leis und klein.

kurz weg

Bin dann mal weg.
Ich packe meinen Koffer
mit den Belastungen des Alltags
und lasse ihn zurück.
Lasse ihn einfach in der Ecke stehen.

Bin dann mal weg,
lasse Unerledigtes unerledigt sein,
lasse Unbequemes unbequem sein,
lasse Fragen unbeantwortet sein
und nehme mir vor,
einmal nicht nach Lösungen zu suchen.

Bin dann mal weg.
Mache frei.
Mache mich frei.

Freie Zeit
Freier Kopf
Freies Herz

Bin dann mal weg.
und komme dann wieder.

Stille

Ich möchte bei dir anklingeln
und dich in deiner Stille besuchen.

Da sein und lauschen
und in mir aufsaugen,
was du mir zuflüsterst.

Mich nicht zuschütten lassen
von Worten und Gedanken,
sondern mich füllen lassen,

vom Herzschlag der Anderen,
vom Säuseln des Windes,
vom Atmen des Raumes,

und spüren:
Du bist da,
in deinem Raum der Stille.

Auszeit

Auf Reise gehen,
fremde Länder sehen,
die Sonne spüren,
vielleicht den Liebsten verführen.

Die Seele baumeln lassen,
das Leben beim Schopfe fassen,
bummeln durch verlassene Gassen.

Völker kennen lernen,
sich vom Gewohnten entfernen,
Sprachen hören, Fremde sehen
und ein Stück zusammen gehen.

Das Salz des Meeres riechen,
durch weichgekörnten Sand auch kriechen
und verstecken in dünigen Nischen.

Zuhause bleiben,
in Stille verweilen,
ein längst bereites Buch verschlingen,
hören, was die Vögel singen.

Zeit füreinander haben,
sich an Köstlichkeiten laben
und riechen des Sommers Farben.

Zurückschalten,
anhalten,
tief atmen ein
und du selber sein.

Kopfkino

Bist wieder da:
in meinen Kopf
setzt du einen Pfropf
verwirrter Erinnerung.
Ich kann nicht mehr denken,
du lässt dich nicht lenken.
Bist einfach da.

Bist wieder da:
dringst in mein Herz mit Liebe, mit Schmerz,
vernebelter Vergangenheit.
Ich kann sie nicht fassen,
sie will mich nicht lassen.
Bist einfach da.

Bist wieder da:
wieder und wieder singst du die Lieder
verstorbener Sehnsucht.
Ich kann sie noch hören,
sie wolln die Ruhe stören.
Bist einfach da.

Bist wieder da:
blockierst meinen Traum
und lässt keinen Raum
fürs Abschied nehmen.
Ich lass mich fangen
trotz allem Bangen.
Bist einfach da.

Immer wieder da.

Fausts Botschaft

Da steh ich nun, ich armer Tor,
und bin so klug als wie zuvor!

So spricht Herr Faust, der gute Alte,
auf dass ich sein Wort verwalte.
Der arme Wicht, so steht er da
und fragt sich, was sein Leben war.
Studiert ist er, ein ganz Gescheiter,
doch bringt ihn das nicht wirklich weiter.

Zwei Seelen wohnen, ach, in seiner Brust,
die eine will, die andre muss.

Er darf sich wohl nicht selbst entscheiden,
ob er will gehen oder bleiben.
Er spürt in sich den Drang nach mehr,
doch loszulassen fällt ihm schwer.
So steht er da, der arme Tor,
und ist so klug, als wie zuvor.

Doch dann hört er des Dorfs Getümmel:
„Da ist des Volkes wahrer Himmel!“
Zufrieden jauchzet Groß und Klein:
hier ist er Mensch, hier darf er sein!

Geht‘s dir nicht manchmal auch wie ihm?
Zieht‘s dich nicht auch woanders hin?

Dann willst du bleiben und musst doch gehn,
musst dich bewegen, nur nicht auf der Stelle stehn.

Oh guter Goethe sag es mir,
was wird wohl sein nach Heut und Hier?

Ungehalten

Ich würde dich gern auffangen
doch falle ich selbst

falle und falle
und finde kein Halten

ins Bodenlose

Wie soll ich dir da Halt sein?

Versuche zu greifen
was Stand gibt
entreißt sich mir wieder

Ein Loch tut sich auf
tief und tiefer
dunkel und dunkler

Vielleicht begegnen wir uns dort
in unserer Dunkelheit
in unserer Bodenlosigkeit
in unserer Zerrissenheit
in unserer Standlosigkeit

Ich bin schon mal da

Barmherze mich

Schenk mir ein wenig Wärme,
eine Umarmung nur,
ein Lächeln,
ein gutes Wort.

Schenk mir ein wenig Ansehen,
mit deinen wohlwollenden Augen,
mit offen Armen,
und mit einem Hauch Akzeptanz.

In der Kälte meiner Einsamkeit
bekleide mich.
Im Hunger meiner Sehnsucht
nähre mich.
In der Angst meiner Trauer
tröste mich.
In der Enge meiner Zwänge
befreie mich.
In all meiner Bedürftigkeit
herze mich.

Vergeblicher Weg

habe mich auf den Weg begeben
herausgerufen
aus meinem Karfreitag

wollte die Enttäuschung zurücklassen
der Angst keinen Raum bieten
zurücklassen, was lähmt
der Lethargie entrinnen

und gehen

gehen in die Zukunft
dem offenen Grab entgegen
allen Unkenrufen zum Trotz
in der Hoffnung
da kommt etwas Neues
und ich darf es gestalten

habe mich auf den Weg begeben
konnte den Duft des Lebendigen schon riechen

da habt ihr ihr mir den Weg abgeschnitten

und plötzlich spürte ich:
das Grab ist immer noch verschlossen!

Ausgeschlossen

Nicht auf verschlossene Türen blicken,
sondern durch das Schlüsselloch schauen
und,
entsetzt über das, was drinnen geschieht,
dankbar sein,
dass es die Freiheit gibt,
draußen bleiben zu dürfen.

Nicht auf verschlossene Türen blicken,
sondern den Blick in die Weite senden
und wenn die Weite ruft…

…gehen.

Luftzug

Die Zeit der Leichtigkeit,
sie fliegt vorbei,
huschende Geschwindigkeit
reist mich schier entzwei.

Zurück bleibt Schwere,
die mich erden lässt
und auch gefüllte Leere,
mit all dem was mich nie verlässt.

Was am Ende bleibt

Was am Ende bleibt,
ist Dankbarkeit,
nicht für Alles, nicht für Jeden,
nur für das, was schenkte Leben.

Was am Ende bleibt,
ist Dankbarkeit,
für jedes Suchen und für jeden sicheren Ort,
für jedes Finden und für jedes gute Wort.

Was am Ende bleibt,
ist Dankbarkeit,
für jedes Dürfen und jede Chance,
für jedes Halbe, das wurde Ganz.

Was am Ende bleibt,
ist Dankbarkeit,
für jedes Sagen und für jedes Teilen,
für jedes Kommen und auch Verweilen.

Was am Ende bleibt,
ist Dankbarkeit.

Klarheit

Ich lass dich nun einfach stehen,
zurück mit dir selbst.
Was zu klären bleibt,
kannst du nur mit dir selbst klären.

Ich werde jetzt einfach gehen,
voran mit mir selbst.
Was zu klären war,
habe ich geklärt.

Now, it‘s your turn!

Neuanfang

Und jetzt steh ich da,
mein Innerstes verletzt.
Ich weiß noch nicht, was wahrhaft war,
mein Blick ist noch vernetzt.

Die Narben schmerzen noch.
Sie heilen langsam ab.
Der Zukunft Trost, den spür ich doch,
was sterben muss,
das starb.

Heldentod

Du warst mein Held,
mein Supermann,
zu dir, da sah ich auf.
Was du sagtest war Gesetz,
deine Launen
nahm ich stets in Kauf.

Ich habe dich nochmal gesehn,
ein Schatten deiner selbst,
dein Lächeln fern,
dein Denken weit entrückt.
Du lebst nun wohl
auf einem andren Stern.

Pfauenfederfetzen

Im Tierpark sah ich einen Pfau
und dachte nur respektvoll: Wow!
Er schlug ein Rad so wunderschön
hat es die Welt noch nicht gesehn.

Flanierte stolz, und fand sich toll,
war von Bewunderung selbst voll.
Er stolzierte ohne jede Scheu
an den Menschenmassen stolz vorbei.

Die Pfauenfrauen warn verzückt
und wurden vor Verzückung fast verrückt.

Da kam ein Menschenkind gegangen
und wollt im Spiel den Pfauenmann wohl fangen.
Das Kindlein zog ihm an der Feder.
Ohje, das gab ein laut Gezeter.

Es raubte ihm die Perfektion.
Die Pfauenhennen sahn es schon
und blickten mit Entsetzen
auf die Pfauenfederfetzen.

Der Pfauenmann war nun entlarvt
und für den Übermut bestraft.

Und die Moral von der Geschicht?
Traue deinen Federn nicht!

unmenschlich.

unbegreiflich.

unfriedlich.

systemkorb 1

manche systeme
sind nur zu
systematisieren
weil die
systematisierer
den
zu systematisierenden
einen
systemischen
maulkorb verpassen

systemkorb 2

manche systeme
sind nur zu
systematisieren
weil die
systematisierten
den
systematisierenden
ihre
systemische
macht lassen

Man könnte

Man könnte die Mauern einschlagen.
Man könnte die Steine wegtragen.
Man könnte zum Durchbruch JA sagen,
anstatt immer nur über die Enge zu klagen.
Man könnte den Durchblick wagen.

…man könnte.

Kirche

Springst nicht über deinen Schatten,
bleibst, was du bist.

Merkst du nicht,
dass du bald alleine sein wirst?

Redest und klagst an,
stellst fest
und bekennst dich,
aber handelst nicht,
änderst nicht.

Von der Kirche Jesu Christi
habe ich mehr erwartet.

Worte eines Fremden

Euer Land riecht fremd.
Euer Land schmeckt fremd.
Euer Land hört mit fremden Ohren.
Euer Land sieht mit fremden Augen.

Euer Land ist groß.
Euer Land ist kalt.
Euer Land ist laut.
Euer Land hat keine Zeit.

Euer Land hat viele Gesichter.
Euer Land lächelt.
Euer Land zeigt Angst.
Euer Land scheint mir so wütend.
Euer Land sieht oft so traurig aus,
als würde es noch immer leiden
unter längst vergangenen Zeiten.

Euer Land kann ich nicht verstehen.
Fühle mich wie taub und stumm
angesichts der vielen Worte,
die an mir vorüberziehen.

Euer Land will von mir
Formulare, Schriften, Worte,
die mich katalogisieren
und zu einer Nummer machen.

Nun bin ich ein Stück von eurem Land,
bin da, gestrandet gleichsam,
auf dem Weg der Flucht.

Nun bring ich Farbe in euer Land,
mit meiner dunklen Haut,
mit meinen bunten Tüchern,
mit mir.

Lasst mich ein Teil werden,
ein Teil eures Lächelns,
eine Träne eurer Traurigkeit.

Erklärt mir eure Wut
und teilt mit mir die Angst.

Und gebt mir Zeit,
um eure Worte zu verstehen,
um eure Feste zu feiern,
um euer Land zu meinem Land werden zu lassen.

Und wenn ihr wollt:

Zeige ich euch
das Lächeln meines Landes,
die Traurigkeit meiner Leute,
die Ängste unserer Kinder
und
teile meine Worte mit euch.

Flüchtige Heimat

Heimat haben
Dach über'm Kopf
Bett und Tisch und Stuhl

Menschen an meiner Seite
sprechen die gleiche Sprache
teilen die gleichen Bilder

Zuhause sein
wo ich sein will
wo ich - ich bin

dauernd sein

Fremd sein
auf der Flucht sein
ohne Bett und Stuhl und Tisch

fremde Menschen
fremde Sprache
fremde Bilder

Zuhause missen
Heimat suchen
sein wollen

flüchtig kennenlernen
flüchtig Hilfe erfahren
flüchtig willkommen sein

flüchtig sein
dauernd flüchtig sein

Sprachlos

Manchmal fehlen mir die Worte,
nach Atem ring ich dann,
entsetzt über jene Orte,
in denen Frieden nicht einziehen kann.

Manchmal verstumme ich vor Scham
und traue meinen Ohren nicht.
Was aus manchem Munde kam,
heute wie damals, ist längst nicht Geschicht.

Manchmal kann ich nichts mehr sagen.
Wer so all das Sagen hat!
Kopfschüttelnd bleiben da nur Fragen,
und manchen Populisten hab ich satt.

Oftmals möchte ich laut schreien:
„Leute macht die Ohren auf!
Wie soll Gerechtigkeit gedeihen,
wenn Parolen nehmen ihren Lauf?“

Oftmals möcht ich flüstern nur:
„Lasst uns wachsam hören.
Der Frieden könnte legen eine Spur,
wenn wir die tauben Schläfer stören.“

Gesichtslose Soldaten

Gesichtslose Gestalten
Kopflose Wesen
Profillos
Rückgrat gebrochen

Menschen, die ihr Selbst verloren haben
Menschen, die ihr Sein aufgegeben haben
Menschen, die keine Menschen mehr sind

Zu Maschinen gemacht
Funktionierend
Befehle ausführend

Hinterfragen nicht erlaubt
Widersprechen verboten
Haben ja auch keine Münder
Gefühle haben keinen Platz

Dienst fürs Vaterland
Oh Vaterland
Was hast du unseren Vätern angetan?

Kriegsirr

Als die Väter sangen,
voll Mut des Führers Lieder klangen,
übertönten sie der Frauen Klagen
und hörten sie nicht mehr: „Ich liebe dich“ sagen.

Die Kinder, die weinten vor Furcht,
als die Meldung der Front klang durch.
Der Vater gefallen, fürs Vaterland,
doch kein Führer hielt in der Angst ihm die Hand.

Als sie die Todesnachricht erreichte,
war sie tapfer und ließ sich nicht erweichen.
Die Mutterbrust schmückt des Führers Ehrenkreuz,
auch wenn sie sich allein in die einsamen Nächte seufzt.

Die Kinder verstehen nicht, was geschah,
spüren nur: „Mein Vater ist nicht da.“
Kein Grab bleibt ihnen zum Trauern,
keine Zeit, müssen ein neues Land aufbauen.

Als die Mutter alt und grau geworden
blickt sie auf des Führers Ehrenorden:
„Ich habe ihm mein Herz geschenkt.
Die Liebe hatte mich zu ihm gelenkt.
Doch bleibt mir nur ein Kreuz am Bande.
Krieg, du warst, du bist, du bleibst
aller Völker Schande.“

Soldatenfriedhof

ein zerstörtes Kreuz
gebrochen und geschändet
der Flamme des Hasses hingegeben

so wie einst
Gott selbst
in seinem Sohn
gebrochen und geschändet
der Flamme der Macht hingegeben

zu erahnen die Namen derer
die im Krieg
gebrochen und geschändet
der Flamme der Angst hingegeben

in ihrer letzten Stunde waren sie ganz nah
dem, der
gebrochen und geschändet
der Flamme der Hoffnung hingegeben

Ich bete, dass sie Zuflucht finden bei ihm.

Wiederkehrende Schatten

Wiederkehrende Schatten
einer nahen Bedrohung gleich
legen sich über unsere friedlichen Tage
denn
Völker einer Heimat bekämpfen sich
in brennenden Häusern
durch zerbrechende Barrikaden
mit dröhnenden Gewehrsalven

Die Schatten der Erinnerung überkommen alle
die einst das Unfassbare erlebten
und
deren Hören noch immer gefüllt ist von
den warnenden Rufen der Sirenen
dem knatternden Lärm der Panzer
den durchbohrenden Schreien der Flüchtenden

Und wieder herrscht die Angst

Angst vor dem Zerstörer
der schon an unsere Türen klopft
dem Schrecken
der ohne Rücksicht über das Land fegt
einem zähnefletschenden Monster gleich
das alles verschlingt
was nicht schnell genug Rettung findet

Krieg

nicht vergessen
und in den Bildern unserer Tage
immer noch gegenwärtig

Frieden

Du erreichst uns nicht
ist die Sehnsucht
auch noch so groß

Du kündigst dich an
doch verschwindest wieder
in den Rauchschwaden brennender Häuser

Du hörst das Flehen der Vielen
doch bahnst dir nicht deinen Weg
durch den Hass

Frieden

es dürstet uns nach dir
doch niemals
wird unser Verlangen gestillt
solange Gewalt und Tyrannei
den Ton angeben

Es bleibt
das Lied der Sehnsucht

Es bleibt die Melodie
die tief in jedem Herz entspringt
in jedem Herzen
das Gott einst füllte mit dir

Frieden

Germanwings-Flug 9525

Erschütterte Gesellschaft
denn plötzlich ganz nah
eine Katastrophe
die uns alle anspricht

Einer unter uns hat versagt
im Getriebe des Tuns
im permanenten Starten und Landen
und dennoch nie Verweilen

So viele
erreichen ihre Grenzen
im grenzenlosen Alltag
der Überforderung

Erschüttertes Land
plötzlich ganz nah
die Katastrophe
die alltäglich um sich greift

Im Getriebe des Tuns
so viele im Alltag
erreichen ihre Grenzen
und keiner verweilt

Die Katastrophe
ist unsere Gesellschaft
grenzenlos überfordert

Wer verweilt?
an der Grenze
zur Katastrophe
im Alltag
dann wenn Einer von uns zu versagen droht

Weltreise 2015

Ich wünscht, ich hätt noch einen Koffer in …
Berlin,
um zu sehen,
zu verstehen,
ob wichtige Menschen zum Wohle des Volkes,
hinter abschirmenden Betonwänden,
zu ihren Entscheidungen ständen.

Ich wünscht ich hätt noch einen Koffer in …
London,
um zu sehen,
zu verstehen,
warum sich das einstige Land der Eroberer
vor bedürftigen Flüchtlingen versteckt
und zusieht, wie Europa langsam verreckt.

Ich wünscht ich hätt noch einen Koffer in …
Istanbul,
um zu sehen,
zu verstehen,
welcher Religion die Menschen folgen,
die öffentlich wählen den Tod
und treiben dadurch Unschuldige in größte Not.

Ich wünscht ich hätt noch einen Koffer in …
Aleppo,
um zu sehen,
zu verstehen,
was ich höre von den Ankommenden,
die übers Meer kamen und erzählen,
wie sie sich in eine neue Heimat quälen.

Ich wünscht ich hätt noch einen Koffer am ...
Hindukusch,
um zu sehen,
zu verstehen,
warum wir ein Land, und andere auch,
als sicher bezeichnen,
in dem der Terror nach wie vor geht über Leichen.

Ich wünscht ich hätte einen Koffer,
mit Lösungen gefüllt,
der Sehnsüchte stillt,
der Antworten gibt
und Hoffnungen weckt.

Ich wünscht ich hätte einen solchen Koffer,
den würde ich in alle Länder dieser Welt versenden,
mit der Aufschrift:

postwendend!

Auch du

Auch du
bist einer von ihnen.
Auch du
lügst, betrügst.
Auch du spürts Neid
und bist nicht bereit,
nicht bereit zu gönnen,
dem, der hat.

Auch du
bist einer von ihnen.
Bestimmst,
damit du gewinnst
und genießt die Macht.
Wieder nicht an den Andren gedacht,
den Andren,
der auf der Strecke bleibt.

Auch du
bist einer von ihnen.
Bist Sünder, bist Blinder,
siehst nicht deine Pflicht.
Deine Chance erkennst du nicht.
Deine Chance,
ein Mensch zu sein.

Gretchenfragen

Immer mehr an diesen Tagen
stelle ich die Gretchenfrage:
"Sag, wie hast du's mit der Religion?"
Die Antwort, ja, ich ahn sie schon.

Die Frage sollte eher lauten:
"Sag, lässt du dich für dumm verkaufen?"

Den lieben Gott, den stell ich nicht in Frage,
der sorgt für uns, selbst in diesen gottlosen Tagen.

Aber allen Institutionen,
in Politik und Religionen,
möchte ich die Frage stellen,
ob sie denn noch die tiefsten Gründe kennen,
aus denen sie einst mutig angetreten sind,
und ob sie noch blicken können
in die Augen vom fragenden Kind.

Die Gretchenfrage müsste sein:
"Sag, handelst du nicht nur zum Schein?"

Ich stelle sie Bischöfen, Ministern und Präsidenten,
den Dazugehörigen und den Dissidenten,
den Publizisten und den Demonstranten,
ja dir und mir selbst auch,
und allen,
die die Menschenrechte einst erfanden.

Geh-denk-Tage

Wir gedenken
und lassen uns freie Tage schenken.
Wir feiern die Vergangenheiten
und blicken zurück in unangenehme Zeiten.

Wir genießen den Tag
und hoffen, dass uns keiner fragt,
wessen genau wir eigentlich gedenken.
Lieber schnell durch Aktion ablenken.

Wir gedenken dem, was längst vergangen,
von Emotionen lassen wir uns nicht mehr fangen.

Und ehrlich:
stände da ein Kind vor dir
und fragte, an wen gedenken wir?
So fielen dir die Worte schwer:
"Ach Kind, das ist so lange her."

Das Kind jedoch hat schnell durchschaut,
ob wir es der Wahrheiten beraubt.
Und so spricht es an diesem Tag,
an dem es mehr erwartet hat:
"Du musst dir nicht das Hirn verrenken
nimm dir nur Zeit und
geh denken."

göttlich.

zeitlich.

biblisch.

Hineingeworfen

Hast mich hineingeworfen

in deine Welt

Was ist dein Auftrag an mich?

Stellst mich auf meine eigenen Beine

Was ist deine Stütze?

DU machst mich groß

DU machst mich klein

Was willst DU von mir?

Tanz der Tasten

Auf und Ab
von Schwarz auf Weiß:
„Tanzt ihr Orgeltasten!"
Das Spiel ist unsrem Dasein gleich,
der Sprung, er gleicht des Lebens Fratzen.

Hoch und tief,
als seien Engel bei,
und doch ertönt auch immer wieder
des Teufels böse Melodei,
als wollt er störn des Friedens Lieder.

Dem Kampfe gleich
springt ihr umher.
Ihr kommt in Hast, verliert die Ruh,
wollt siegen und gebt alles her,
verliert euch fast in dem Getu.

Doch dann:
Vereinigung, ihr werdet leicht.
Es triumphiert das Ganze.
Des Teufels Töne werden bleich,
die Einheit siegt mit Gottes Glanze.

Stimmgewaltig

Singet neue Lieder,
verharret nicht in alten Tönen.
Suchet neue Harmonien,
beschränkt euch nicht nur auf die Schönen.

Scheuet nicht die Dissonanzen,
gebt Moll und Dur den nötgen Raum.
Lebet Leben mit allen Sequenzen
und verharret nicht in Zukunfts Traum.

Seit mutig und erhebt die Stimme,
in Chören und Duett zu Zweien.
Des Menschen größter Fehler wär,
verstummen und verfalln in Schweigen.

Sein Lied

Was sagt ER mir mit diesen Tönen?
Was rufen Harmonien in mir wach?
Will ER damit die Welt beschönen,
oder ist's tatsächlich Lebenskraft?

Wenn Melodien in mir singen,
wenn Moll und Dur an die Ohren klingen,
was fühle ich, bei diesem Stücke?
Ist's in der Tat zu IHM die Brücke?

Zu IHM dem Gott, der fassbar nicht
für den Verstand, an keinem Tag,
dessen Größe selbst kein Gedicht,
kein Text auszudrücken mag.

Hat diese Kunst ER mir geschenkt,
auf dass sie meine Sinne lenkt?
Wenn ich zerstreut, ja müde bin,
wenn auch so manchmal fehlt der Sinn.

Führt sie mich dann zu meiner Mitte?
Führt sie mich dann zur innren Ruh?
Führt die Musik mit leichtem Schritte
mich hin zu GOTT, zu IHM, zum DU?

Good news

Die gute Nachricht trifft mein Ohr:
durchdringt mich, ja, es kommt mir vor,
als sei die Botschaft heut für mich.
Sie ruft mir zu: Fürchte dich nicht.

Die gute Nachricht ruft mir zu:
Der Herr, er ist dein Freund, dein DU.
Sein Name heißt: Ich, Ich bin da,
heute, so wie es immer war.

Die gute Nachricht auch für dich,
höre doch hin, verschließ dich nicht.
Er ruft dir zu, er ist Dein Freund,
steht für dein Leben schon bereit.

Die gute Nachricht, sucht den Weg,
will umgehn, was zwischen uns steht.
Seit tausenden von Jahren schon,
ist diese Nachricht Gottes Ton.

Die gute Nachricht, Jesu Wort,
im Evangelium lebt sie fort.
Die gute Nachricht, Jesu Wort,
im Evangelium lebt sie fort.

Gnadenlied

Soweit die Füße tragen
erfüllt mich deine Gnade.
Soweit mein Weg mich treibt
stehst du mir nah zur Seit.

Gnade ist so unbegreiflich,
meint Verzeihen, was doch unverzeihlich,
meint Zuwendung, wo abgewandt ich mich,
meint Liebe, wo ich mich selbst liebe nicht.

Soweit die Füße tragen
erfüllt mich deine Gnade.
Soweit mein Weg mich treibt
stehst du mir nah zur Seit.

Gnade, so göttlich und dem Menschen fremd,
ist Geschenk, das mich sogar beschämt,
ist mehr, als ein Wort kann sagen,
ist mehr, als die Antwort auf alle Fragen.

Soweit die Füße tragen
erfüllt mich deine Gnade.
Soweit mein Weg mich treibt
stehst du mir nah zur Seit.

Gnade schenkst du mir ein ganzes Leben,
selbst, wenn ich selber kaum gegeben.
Unfassbar diese Liebe, die so viel verzeiht,
Herr, ich danke dir für diese, deine Barmherzigkeit.

Gnädige sein

Verzeihende sein
verzeihen

Befreiende sein
befreien

die sein,
die die Hand reicht
zur Versöhnung

die sein
die erste Schritte geht
aufeinander zu

und ein Stück der Gnade spüren
die göttlich ist

Wie wär's?

Selig sein

nicht auf der siebten Wolke schweben
nicht an rosaroten Bildern kleben
sondern
selig sein

nicht sich besser als alle fühlen
nicht von besonderer Größe sprühen
sondern
selig sein

selig sein meint Stärke zeigen
und bei den Schwachen verweilen

selig sein meint Respekt zu zollen
und nicht nur der lautesten Masse folgen

selig sein ist oft beschwerlich
selig sein ist auch gefährlich

selig sein spürt man nicht sofort
selig sein kommt erst an einem anderen Ort

selig sein

Kunstfehler

Ihr gebt ihr eine Krone,
doch war sie niemals Herrscherin.

Ihr hüllt sie in ein goldenes Gewand,
doch Reichtum war ihr nie vergönnt.

Die Schlange habt ihr unter ihre Füße gelegt,
doch lebte sie mitten unter den Sündern.

Sie trägt das Kind, das gut genährt,
das Schwert des Sieges hält.
Doch kannte sie Hunger und Durst
und stand an der Seite der Verlierer.

Ihr Gesicht leuchtet so jung,
und glatt scheint ihre Haut,
doch stets zogen schwere Sorgen
tiefe Furchen in ihr Lächeln.

Die Haare lockig und so rein,
doch waren sie vom Staub der Wüste belegt.

Maria, was haben sie aus dir gemacht?

Maria

Es ist mir fremd,
dass man dich auf einen Sockel stellt
und auf die Knie fällt
vor deinem Angesicht.

Es ist mir fremd,
dass Du die Krone trägst
und auf der Wolke schwebst
so unerreichbar hoch.

Du bist doch nah,
ganz nahe hier in meinem Leben
und bist doch Mensch
aus Fleisch und Blut.

Du hältst mich doch in deinen Armen
und hütest mich wie das geliebte Kind,
lässt mich meine Tränen weinen
an deiner mütterlichen Brust.

Du bist doch Frau,
mit deinem ganzen Sein
hast du geboren unter Schmerz,
gelacht, geweint, gelitten und geängstigt,
wie größer die Angst nie war.

Oder ist es das,
was dich so königlich macht?

Sockelmenschen

Ihr blickt auf mich herab,
ihr Heiligen,
auf euren Sockeln.

Erhöht seid ihr und geschmückt,
mit den Insignien
eures Martyriums.

Tragt Schwerter und Lanzen
und Pfeile und Räder
und das Buch
eures Glaubens,
den Grund eures Seins.

Wünscht mir,
ich könnte euch anschauen,
auf Augenhöhe
von Mensch zu Mensch,
um zu verstehen,
wer ihr wart.

Doch ihr,
ihr schaut auf mich herab
und macht euch
unansehbar,
unberührbar.

Und verliert all euer Menschsein.

Schade eigentlich!

Quelle des Lebens

DU Quelle des Lebens,
der DU uns Wasser des Lebens schenkst.
Wasser, das unsere Dürste stillt.
Wenn wir einsam sind,
stillst DU unseren Durst nach Geborgenheit.

DU Quelle des Lebens,
der DU uns Wasser des Lebens schenkst.
Wasser, das uns abkühlt,
wenn wir erhitzt sind von Ärger und Stress,
dessen Kühle uns neue Kraft finden lässt.

DU Quelle des Lebens,
der DU uns Wasser des Lebens schenkst.
Wasser, das uns erschrickt,
mit seiner durchdringenden Kühle,
seinem Fluss, der nicht zu halten ist.

DU Quelle des Lebens
bist Geborgenheit,
bist Stille,
bist Kraft,
bist nicht zu halten.

Ein Gott

Ist ein Gott
ein Gott
ein DU

Ist ein Ursprung
ist eine Schöpfung
sind die selben Väter

Sind drei Schriften
sprechen in so vielem gleich

Und doch...

Menschen müssen sterben
Menschen müssen fliehen
weil ihr Gott einen anderen Namen trägt

Gott
Vater
Jahwe
Allah

Was würde ER wohl dazu sagen?

Unkenrufe

GOTT,
sie haben dich totgesagt.
Sie haben dich aus dem Weg geschafft.
Doch DU hast ihnen getrotzt,
hast das Leid angetreten,
trotz deiner Angst,

und

bist wieder zu denen gekommen,
die in ihrer Angst verzweifelt waren.
Hast das Dunkel gewandelt
in Hoffnung
in Freundschaft
in
Licht.

DU rufst auch heute noch jedem zu,
der in Angst ist,
der totgesagt wird,
der ihnen im Weg steht:

"Steh auf, trotz aller Unkenrufe."

Was willst du?

„Was willst du, dass ich dir tun soll?“

Immer wieder stellst DU mir diese Frage.
Diese alles entscheidende Frage.

Sag DU es mir!
Sag DU es mir!

Welche Wahl habe ich denn?
Was bietest DU mir an?

DU schweigst.
DU blickst mich an,
mit deinen unerträglich liebenden Augen,
dringst DU in mich ein,
unaufhaltsam,
tief,
mitten in mein Sein.

Lies in mir!
Ich will ein offenes Buch für dich sein!

Prophetin

Sprich zum Volk!
Steh auf und sprich!
Deine Worte schenke ich dir,
deine Stimme stärke ich.

Ich würde dich nicht senden,
wenn ich keine Botschaft hätt.
Ich würde dir nicht trauen,
wenn mir nicht zu trauen wär.

Steh auf und sprich!
Ich glaub an dich!
Steh auf und sprich!
Ich sende dich.

Fasten – Zeit

Zeit zum Fasten
von all den Lasten
die unsere Blicke benetzen
Zeit zum Fasten
vom täglichen Hasten
das will unser Sein besetzen

Fastenzeit
innerlich bereit
zu hören
was in uns spricht
zu fühlen
was wir zulassen nicht

den Blick wagen
in eine leidende Welt
in deren Mitte das Kreuz gestellt

das Kreuz betrachten
die Macht entmachten
die uns erblinden lässt

Zeit zum Fasten
und von allem Vorgefassten
Abschied nehmen

Fastenzeit
bereit
den Kreuzweg zu gehen
bis wir mit IHM auferstehen.

Verleugnung

Du hattest Angst.
Wie gut verstehe ich dich, Petrus.

In diesem Sumpf
von Intrigen und Machtbesessenheit,
da kann ich deine Angst verstehen.
Wem hättest du trauen können?

Und du warst so allein,
unendlich allein.
Ich verstehe dich, Petrus.

Ich verstehe, dass du in deiner Angst
diesen Satz gesagt hast:
„Nein, ich kenne diesen Menschen nicht."
„Ich kenne diesen Menschen nicht."

Was hättest du denn sonst sagen sollen?

In all deiner Angst,
in all deiner Einsamkeit,
ausgeliefert den Menschen,
die dich erkannten,
ausgeliefert den Intrigen dieser Gesellschaft,

die so zerfressen ist
von Macht, von Neid, vom falschen Recht.
Ich verstehe dich, Petrus.

Und dann krähte der Hahn.

Passion

Ihr,
die ihr unter seinem Kreuz standet,
als er unter Schmerzen gelitten hat,
als er geschrien hat: „Es ist vollbracht!“

Ihr,
die ihr mit ihm den letzten Weg gegangen seid,
als er unter der Last gefallen ist,
als er vor aller Augen verspottet wurde.

Ihr,
habt sein Leiden gesehen,
habt seine Worte gehört,
habt seine Schmerzen ertragen.

Und in all seiner Verzweiflung
habt ihr
sein Vertrauen gespürt.

Ihr könnt bezeugen:
„Wahrlich, er war Gottes Sohn!“

Passionsgestalten

Ihr alle,
die ihr am Rande standet,
am Rande des Weges,
auf dem er sein Kreuz trug,
seiner Würde beraubt,
angespuckt und ausgelacht,
gequält und verurteilt,
ohne Kraft und ohne Kampf,
seinem Schicksal ausgeliefert.

Ihr alle,
die ihr am Rande standet,
wart ihr bei den Jubelnden
oder
wart ihr bei den Klagenden?

Ihr alle,
die ihr am Rande steht,
am Rande unserer Wege,
auf denen Menschen ihr Kreuz tragen,
ihrer Würde beraubt,
obdachlos und andersfarbig,
alt und aussortiert,
gemobbt und ausgestoßen,
ihrem Schicksal ausgeliefert.

Ihr alle,
die ihr am Rande steht,
seid ihr bei den Jubelnden
oder
seid ihr bei den Klagenden?

Ihr alle, seid Menschen am Rande
der alltäglichen Passion.
Passionsgestalten

Auferstehung

verlass dein Grab
befreie dich aus deiner Dunkelheit
leg ab, was dich bindet

langsam erst

vorsichtig
das Licht könnte dich blenden
die Luft dir den Atem nehmen

darum gehe Schritt für Schritt
doch ohne dich umzublicken
behutsam

der Auferstehung entgegen

Osterwunsch

Es ist wie,
einen Freund erblicken
und ihm ein Lächeln schicken,
wie stützende Umarmung schenken,
ohne schwere, lähmende Bedenken.

Es ist wie,
nicht mehr allein zu gehen
und zu sich selber stehen,
wie herausgehoben aus dem modrigen Loch
und hören: „Nur Mut, es geht, es geht doch.“

Es ist wie,
der Morgen nach endloser Nacht
und endlich tun, was bisher nur gedacht,
wie ein gutes Wort gesprochen
und lösen was bisher verworren.

Ist wie:
Neues sehen,
weitergehen,
erste Schritte
weg von der Klippe.

Wie da sein, jetzt und ganz,
wie Licht, wie Wärme, des Lächelns Glanz.

So ist Auferstehung,
Tag um Tag,
auch heut und hier:
Sie zu spüren, das wünsch ich dir.

Halleluja Frühlingszeit

Halleluja,
riechst du das?
Sonne, Wärme, frisches Nass.

Halleluja,
hörst du es?
Vögel singen in ihrem Nest.

Halleluja,
kannst du sehn,
wie Blüten in frischem Gras aufgehn?

Halleluja,
es ist da,
lebendig wird, was tot doch war.

Halleluja,
Frühlingszeit,
Natur macht zur Geburt sich bereit.

Halleluja,
auferstehn.
Das Leben will neue Wege gehen.

Ode an den Heiligen Geist

Wenn der Geist es will, kannst du ihn ihn spürn,
und wenn er will, wird er dich verführn.

Wenn der Geist ist da, dann zeigt er sich,
und wenn er ruft, dann braucht er dich.

Der Geist, er wirkt dann, wann er will,
drum verharret besser leis und still.

Der Geist, der wartet manchmal ab,
bis sich die Ungeduld vergab.

Der heilge Geist hört nicht auf Befehle,
auch nicht, falls einer ihm das Feuer stehle.

Denn er, er glüht aus seinem Sein.
Er bleibt lebendig und kein toter Schein.

Er fügt sich nicht in unser Denken.
Er lässt sich nicht in Bahnen lenken.

Er belächelt unser Planen,
denn, was er will, können wir nicht ahnen.

Der Geist, der hat lebendge Kraft,
mit der er neue Hoffnung schafft.

Oh Menschlein, dass du das nicht weißt:
ER, ER wirkt in Vater, Sohn und Heilgem Geist.

Heilger Kuss im Frühling

Küss mich, heilger Sonnerstrahl,
sag mir: „Wärmendes Licht ist wieder da."
Küss mich, heilger Wind,
zeig mir, wo die satten Wolken sind.

Küss mich, heilger Regen,
werd für meine Ernte Segen.
Kuss des Frühlings, heilges Zeichen,
dass Gottes Liebe wird nicht weichen.

Kuss der Schöpfung,
Heiligkeit
macht sich zum Lobe Gottes nun bereit.

Küss mich Gott, sei da, sei hier,
zeig dich mir, erklär es mir:
was heilig ist in deiner Welt,
was du zur Freude hast bestellt,
was Leben will,
was Liebe denkt,
was in mir still, du hast geschenkt.

Es blüht, es lacht, es wächst, es liebt
all das, was deine Güt uns gibt.

Heilig ist die Schöpfung dein.
Heilig ist das Leben, die Lieb
und alles Sein.

Sommerlied

Bist wieder da
und ziehst deine Kreise.
Hellleuchtend und klar
berührst du ganz leise
den Morgentau.

Deine Kraft atme ich
und riech deine Wärme.
Deine Strahlen berühren mich,
und ach wie gerne
möchte ich dich halten.

Warm küsst du die Steine
und malst mit deinem Freund dem Regen
einen farbigen Bogen, als Gottes Segen.

Streifst den Horizont,
lächelst noch einmal der Dämmerung zu
und zwinkerst verlegen - dann ist Abendruh.

Dein Bruder der Mond
legt sich beschützend aufs Haus.

Sonne sag,
kommst du morgen früh denn wieder
und singst mit dem Vogel deine lustigen Lieder?
Ziehst du wieder deine lichten Bahnen
und schenkst uns deine Lebensstrahlen?

Sommereinladung

Ich lade dich ein,
zum Fliegen lernen,
zum Atem spüren,
vom Windhauch getragen
… nur für einen Augenblick.

Ich lade dich ein,
zur Sorglosigkeit,
zur Ruhepause,
vom warmen Regen umhüllt
… nur für einen Augenblick.

Ich lade dich ein,
um zu dir zu kommen,
um Abstand zu finden,
von der Sonne beschienen
… nur für einen Augenblick.

Ich lade dich ein,
wie die Vögel des Himmels,
wie die Lilien im Felde
in grenzenlosem Vertrauen,
einfach da zu sein
… nur für einen Augenblick.

Kreuzerhöhung

Vom Grund zum Himmel
ist unser alltägliches Sein
verbunden mit dem was mehr ist

Leid und Angst
erhöht zu Hoffnung und Trost

Kreuz – erhöht

DU
der am Kreuze hängt
zwischen Sein und Mehr
zwischen Angst und Hoffnung
zwischen Leid und Trost

DU
erhöht
zum Himmel
bist der Grund unseres Blickes
auf das Kreuz

Erntedank

Danke Gott, will ich dir sagen,
dass du mir den Glauben gabst.
Doch danke auch, ich sag's dir ehrlich,
dass ich auch oftmals Zweifel hab.

Danke, dass der Strom der Zeit
mich reißt hinaus in deine Welt.
Doch Dank noch mehr, dass ich entscheide,
zu bleiben da, wo du mich hingestellt.

Dank für jeden Menschen der,
ob groß, ob klein, mich fordert raus.
Dank für Freundschaft und auch Streit,
für Kritik und auch für den Applaus.

Ich danke dir für alle Stunden,
die ich tagtäglich nutzen mag.
Doch Dank noch mehr für jede Ruhe,
die ich genieße manchen Tag.

Hin – Durch – Gehen
(Mose vor dem offenen Meer)

Die Wassermassen teilen sich.
Ein Weg tut sich auf.
„Mose, Mose, geh hindurch!“

Beängstigend steht die Wand der Bedrohung,
mächtig, kalt,
alles Lebendige zu verschütten bereit.
„Mose, Mose, geh hindurch!“

Von fern hörst du die Feinde,
deine Pharaonen, deine Heere,
die dich versklavten.
„Mose, Mose, geh hindurch!“

Du setzt einen Fuß behutsam in die feuchte Erde,
du drohst zu versinken,
spürst den Moder deiner Angst.
„Mose, Mose, geh hindurch!“

Eine Kraft lässt dich Schritte gehen.
Mühsam entziehst du dich dem Sog der Schwere.
„Mose, Mose, geh hindurch!“

Dein Blick streift den Horizont.
Hellleuchtend zeigt ein Licht dir den Weg.
„Mose, Mose, komm hindurch!“

Segensgebet

Deinen Segen Herr erbitten wir,
dass Du uns nicht alleine lässt,
auf unsren Wegen bei uns bist
und uns mit unsren Fragen nicht vergisst.

Deinen Segen Herr erbitten wir,
dass Du auch unsre Zweifel trägst,
zum Trost in unsrer Trauer wirst
und Halt, wenn aller Halt zerbirst.

Deinen Segen Herr erbitten wir,
auch für die, die uns sind Feind,
auch für die, mit denen wir
zur Versöhnung sind nur schwer bereit.

Deinen Segen Herr
für diese Welt,
in die Du uns hineingestellt.

Für Alt und Jung, für Groß, für Klein
besonders die du lässt im Verborgnen sein.

Deinen Segen Herr erbitten wir. Amen.

adventlich.
weihnachtlich.

Hirtengespräch

Du, Hirte, sag, was stehst du so herum,
unnütz in der Gegend rum?
Hast du nicht vernommen,
der Herr ist angekommen?
Geh und mach dich endlich auf.
Die Botschaft nimmt längst ihren Lauf.

> Geh doch einfach los.
> Gib deinem Herzen einen Stoß.
> Hey, Hirte, sag, was stehst du noch herum?

Du, Hirte, sag, was denkst du dir,
warum der Engel kommt zu dir?
Tust dein Tagwerk, jahrein, jahraus,
dein Leben sieht oft schwierig aus.
Bist einer der Armen, besitzt nicht viel,
weißt meist nicht, wo ist deines Lebens Ziel.

> Geh doch einfach los.
> Gib deinem Herzen einen Stoß.
> Hey, Hirte, sag, was denkst du dir?

Du, Hirte, ist dir was entgangen?
Warum bist du nicht mitgegangen?
Hast den Abmarsch wohl verpasst,
weil du dich mit Andrem beschäftigt hast.
Bist du gar falschen Sternen gefolgt?
Erhofftest dir von ihnen Macht und Erfolg?

> Geh doch einfach los.
> Gib deinem Herzen einen Stoß.
> Hey, Hirte, sag, ist dir was entgangen?

Du, Hirte, lauf schnell hinterher,
auch wenn der Weg wird manchmal schwer.
Glaube, du bist nicht allein unterwegs,
der Engel bleibt an deiner Seite stets.
Tröste dich, es ist noch nicht zu spät zu gehn,
um an der Krippe des Herrgotts zu stehn.

Geh doch einfach los.
Gib deinem Herzen einen Stoß
Hey, Hirte, lauf schnell hinterher.

Du, Hirte, sag, nimmst du mich mit,
Seit an Seit, Schritt für Schritt?
Ich trau mich nicht so recht zu gehn,
will lieber auf der Stelle stehn.
Doch, wenn wir es gemeinsam wagen,
muss keiner von uns zwein verzagen.

Geh doch einfach los.
Gib deinem Herzen einen Stoß
Hirte, sag, nimmst du mich mit?

Mein Weihnachtsgedicht

Dies ist mein Weihnachtsgedicht,
doch um Lametta geht es diesmal nicht.
Es geht auch nicht um Festtagsbraten
und auch nicht um Geschenkeraten.

Ein Baum ist darin auch nicht Thema
und auch nicht das Familienschema.
Es geht heut nicht um heißen Wein
und auch nicht um der Lichter Schein.

Ich sprech heut nicht über Urlaubstage,
stell auch nicht das Wetter in Frage.
Das Fest ist ja eh schnell vorbei,
alles Genannte ist somit einerlei.

Dies ist mein Weihnachtsgedicht
und es geht heut mal um eine andre Sicht.
Es geht um Menschen, die auch heute frieren,
es geht um die, die sich ob ihres Lebens genieren.

Und die, denen es dreckig geht,
zu denen trotz des Festes keiner steht.
Über die, die jeder beäugt könnt ich reden,
und nebenbei klären, wen mein ich mit „jeden“?

Um beschimpfte Gutmenschen könnte es gehen,
und um die Schlechtmenschen, die alles verstehen.
Ich könnt alle nennen, die anders sind,
und alle, die das ersehnte Glück nicht find.

Ich könnte euch sprechen über ein Land,
das wir nennen heilig,
in dem sich die Bewohner werden nicht einig.
Ich könnt reden über die Mächtigen der Welt,
die letztlich doch wir haben bestellt.

Ich könnt…

Ich könnt auch still blicken in die Krippe…
Still, still schauen, was ich dort erblicke.

Ich könnt einfach reden über das Kind,
und jene, die dort bei ihm sind.
Dann hätte ich doch alles gesagt,
wonach ein Menschenherz fragt.

Dies ist heut mein kürzestes Weihnachtsgedicht:
„Schaut, dort im Stall liegt Gottes wahres Gesicht."

Es weihnachtet sehr

Es weihnachtet sehr,
und in allen Gassen
stoßen sie an mit ihren Glühweintassen.
Sie lachen und toben und frönen dem Mammon
...da blickt was um die Ecke
...und läuft wieder davon.

Es weihnachtet sehr,
und Vater und Mutter und Kind
streiten sich wieder - wer da wohl gewinnt?
Sie diskutieren über Handys und Spielkonsolen
...da blickt was um die Ecke
...und verschwindet auf leisen Sohlen.

Es weihnachtet sehr,
und Alt und Jung und Mann und Frau
durchforsten Kalender und tun sehr schlau.
Sie hetzen der Zeit hinterher und stöhnen
...da blickt was um die Ecke
...an diese Hektik will es sich nicht gewöhnen.

Es weihnachtet sehr,
und in so manchen Rüstungsgebäuden
planen sie Kriege und verteilen heimlich die Beute.
Sie handeln mit Waffen rund um den atomaren Knopf
...da blickt was um die Ecke
...und schüttelt enttäuscht den Kopf.

Es weihnachtet sehr,
und dort in einem anderen Land
liegen weinende Kinder, Hand in Hand.
Sie haben kein Dach, kein Wasser, kein Brot.
Weißt du, dort leiden sie wirklich Not.
Haben Hunger und Angst, frieren und weinen.
...da blickt was um die Ecke
...ich glaube, es will dort verweilen.

Es ist, ja du ahnst es wohl schon,
das Kind in der Krippe - Gottes Sohn.

Das Adventsquadrat

Es war einmal ein Adventsquadrat,
so hieß es, weil es vier Ecken hat.
Gebunden aus Zweigen und Tannengrün
wollt es sich nicht in eine Rundung fügen.

Und keiner wollte es kaufen, sie lachten,
weil sie nur an runde Kränze dachten.
Das Runde ist schön, ist perfekt und symbolisch,
kein Anfang und Ende, es ist harmonisch.

Doch da stands nun das quadratische Ding,
mit Ecken und Kanten,
und so manchem Stachel drin.
Genau genommen war es noch nicht mal quadratisch,
war krumm und schief, in ganzer Gestalt dramatisch.

Und obwohl vier Kerzen seine Ecken schmückten,
wollte sich kein Käufer nach dem Ding bücken.
Da nahm der Florist das ungestaltete Teil,
und warf es in die Mülltonne hinein.

Da lag es und seine Kerzen durften nicht scheinen.
Hätt's eine Seele, so wollte es weinen.
Ein Mann kam daher, in der Hand eine Flasche,
mit schmutziger Kleidung,
all seinen Besitz in einer Plastiktasche.

Er war auf der Suche, nach Nahrung in der Tonne,
allein ein Stück Brot, wär für ihn eine Wonne.
Da entdeckte er das Adventsquadrat,
lachte erfreut, dass er es fand.

„Hallo, du eckiges, kantiges Ding,
du bist ja alles nur kein runder Ring.
Bist mir ganz ähnlich, weißt du nämlich,
unsere Ecken und Kanten mag keiner gern sehen,
in unserem Schein will niemand gehen.

Doch ich, ich mag dich, so wie du bist,
weil eckig meist interessanter ist.
Drum nehm ich dich mit, dann bin ich nicht mehr allein,
komm mein eckiger Freund, nun sind wir zu zwein."

Und der Alte machte es sich gemütlich im Hof,
entzündete die Kerzen, daran erinnerte er sich noch:
Das Lied von der stillen Nacht kam ihm in den Sinn,
und einen Moment fühlte er sich geborgen,
wie damals als Kind.

Am frühen Morgen ging die Gemeinde zur Mette,
man fand den Alten direkt vor der Kirchentreppe.
Seinen Atem hatte er ausgehaucht in jener Nacht,
es schien als hätte das Quadrat neben ihm gewacht.

Die Kerzen sie brannten noch immer,
und sein Gesicht lächelte erlöst in ihrem Schimmer.

Als Gott ankommen wollte

Als Gott ankommen wollte,
machten sich zwei auf den Weg,
nur auf einem Esel,
hin in den Ort, der ihnen Heimat sein sollte.
Und unter Schmerzen erblickte er die Welt.

Als Gott ankommen wollte,
kam er in die Stadt,
und keiner hatte Platz für ihn.
Und er legte sich in einen Viehstall,
in den Dreck, dorthin, wo es stinkt.

Als Gott ankommen wollte,
war es Nacht und dunkel und kalt.
Und er rief zuerst die zu sich,
die Tag und Nacht in der Kälte stehen,
auch im Dunkeln,
bei ihrer Herde,
draußen, außerhalb der guten Gesellschaft.

Als Gott ankommen wollte,
wurde er bedroht
von einem mächtigen Herrscher,
der ihm nach dem Leben trachtete.
Und er ließ sich entdecken von weisen Männern,
die ihn beschenkten und ihm Gutes taten.

Als Gott ankommen wollte,
war er da, wo keiner mit ihm gerechnet hätte.

Viel zu geschwind

Maria und Josef und's Jesuskind
sind wieder weg,
es ging viel zu geschwind.

Kamen kurz zu Besuch in unser Haus
und schauten ganz schön traurig aus.

Sie blickten sich um und suchten nach Raum,
den fanden sie bei uns wohl kaum.
Es war alles besetzt mit Lichterglanz,
mit Kugeln, Lametta und Firlefanz.
So konnten sie bei uns nicht verweilen
und mussten weiter zum Nächsten eilen.

Ich weiß nicht, wo sie geblieben sind.
Fanden sie einen Platz für das Kind?

Maria und Josef und's Jesuskind
sind wieder weg,
es ging viel zu geschwind.

Neujahrwunsch

Auf ein Neues!
Stoßen wir an!
Vergessen wir was war.
Auf geht‘s nun in ein bessres Jahr.

Auf ein Neues!
Hakt euch ein!
Die Angst, die lassen wir im alten Jahr zurück
und hoffen auf ein bisschen mehr vom Glück.

Auf ein Neues!
Habt doch Mut!
Es wird, es muss bald Frieden werden
hier bei uns auf unsrer Erde.

Auf ein Neues!
Es liegt an uns!
Die Menschheit wird nicht untergehn,
wenn wir endlich zusammenstehn.

Auf ein Neues!
Fürchtet euch nicht!
Ich glaub daran, wir gehen nicht allein.
Ich weiß, ER wird sicher bei uns sein.